Freidora sin aceite 2021

Recetas especiales para tus comensales

Yasmina Martinez

Contenido

Introducción

Cocinar con una freidora de aire es muy diferente a freír o asar de forma convencional. Como los alimentos no se sumergen en aceite caliente, se cocinan en una fracción del tiempo y con mucho menos aceite.

Esto también significa que si quiere freír, por ejemplo, una tanda de aros de cebolla rebozados, la freidora de aire no podrá hacerlo. Para freír, tendrá que utilizar una freidora tradicional o una sartén de base pesada con aceite.

¿Qué es una freidora de aire?

Una freidora de aire utiliza aire caliente para cocinar rápidamente los alimentos mediante el calentamiento por convección, de forma similar a como lo hace un horno de convección. El calor hace circular los alimentos para que se cocinen uniformemente. Como los alimentos se cocinan en aire caliente, no es necesario añadir aceite. Se trata de un método de cocción con poca grasa que puede proporcionar alimentos muy satisfactorios.

¿Qué es una parrilla?

Cocinar a la parrilla significa cocinar al aire libre utilizando carbón o madera para crear un fuego abierto. Los alimentos suelen colocarse sobre el fuego en pinchos, rejillas o una malla metálica. Este método de cocción suele proporcionar ese gran sabor ahumado que se obtiene al asar a la parrilla.

Las recetas de este libro de cocina le proporcionarán una amplia gama de opciones saludables pero deliciosas, todo ello sin comprometer su salud ni sus papilas gustativas.

No importa cuáles sean sus gustos, la freidora de aire tiene una selección para usted.

Este libro de cocina contiene varias recetas para los productos de la freidora de aire, incluyendo el GRILL, el bol y la sartén grill. Las recetas van desde los desayunos hasta los postres, y casi todo lo que hay entre medias.

Todas las recetas de este libro de cocina son baratas y fáciles de preparar. Los ingredientes son fáciles de conseguir en su tienda local y los platos son fáciles de hacer, con poco equipamiento especial. Sin embargo, si se utiliza correctamente y con sentido común, una freidora de aire puede producir algunas versiones bastante sabrosas de sus alimentos fritos favoritos sin la culpa de consumir demasiada grasa y calorías.

Algunos beneficios son:

- Utilizar menos grasa y aceite
- Más fácil de limpiar, especialmente cuando se termina de cocinar
- Menos tiempo dedicado a freír la comida - ¡lo que significa que puede disfrutarla más!

En cuanto a las desventajas de cocinar con una freidora de aire, hay algunas que debe conocer.

Algunas de ellas son:

- Tendrás que ser un poco más diligente en la forma de configurar tu freidora de aire para que aproveches al máximo sus funciones.
- La comida hecha en una freidora de aire no tendrá el mismo sabor que la de una freidora.

Con este libro de cocina, tendrá la oportunidad de probar una gran variedad de recetas interesantes. Puede encontrar muchas recetas fáciles para la freidora de aire, así como otras más complicadas. Hay montones de recetas saludables que le ayudarán a perder peso, y también hay un montón de postres que le harán la boca agua y que satisfarán su gusto por lo dulce.

En este libro, se analizan varias categorías diferentes. Si está buscando aperitivos, platos principales o postres, ¡este libro lo tiene todo! Además de estas categorías, se examinan algunos estilos de cocina diferentes, como el asado y el horneado.

N.B.: estas recetas son adaptables para cualquier modelo de freidora usted disponga.

APERITIVOS
Y
SNACKS

Hamburguesas rellenas de queso azul

Tiempo de preparación: 9 minutos
Tiempo de cocción: 30 minutos
Porciones: 4

Ingredientes:
- 907g de carne picada
- 1 cucharadita de sal
- 2 cucharadas de salsa Worcestershire
- 1/2 cucharadita de pimienta negra molida
- 8 cucharadas de queso azul desmenuzado
- 4 rebanadas de tocino, picado y cocido
- 60g de mantequilla, ablandada
- 8 rodajas de tomate
- 4 rodajas de cebolla roja
- 4 panecillos de brioche
- 4 hojas de lechuga Bibb

Instrucciones
1. Incorporar la carne picada, la sal, la salsa Worcestershire y la pimienta negra.
2. Dividir cuatro bolas de la mezcla de carne y dividir cada bola por la mitad.
3. En la mesa, presione la carne hacia abajo. Con el bacon y también 2 cucharaditas de queso azul por sándwich, rellenar la mitad de la carne y terminar con la carne sin rellenar. Los lados de las hamburguesas se sellan.
4. Deslice en la posición de estante n° 2 el estante para pizza. Coloque las hamburguesas en su estante de pizza.
5. Durante 18 minutos, gire el botón de selección de programa a su ajuste de Air Fry (unos 205 grados C). Para comenzar el periodo de cocción, pulse el botón de Inicio/Pausa.

6. Cuando haya terminado de cocinar las hamburguesas, retírelas de su bandeja para pizza y apártelas.
7. Corte en la posición de la bandeja1 el estante de la pizza. Unte con mantequilla sus panecillos de brioche y póngalos, con el lado enmantecado hacia arriba, en el estante para pizza.
8. Gire el mando de selección de programas durante 10 minutos hasta el ajuste de asado (205 grados C). Para comenzar el periodo de cocción, pulse el botón Inicio/Pausa. Asa los bollos hasta que estén dorados. A continuación, con la carne, la lechuga, los tomates y las cebollas rojas, corte los panecillos y disponga las hamburguesas.

Nutrición: Calorías 316 Grasas 21g Proteínas 28g

Champiñones al horno rellenos de carne de cangrejo Imperial

Tiempo de preparación: 9 minutos
Tiempo de cocción: 27 minutos
Porciones: 8

Ingredientes:
- 243g de mayonesa
- 1 cucharadita de zumo de limón fresco
- 1 cucharada de mostaza de Dijon
- 1/2 cucharadita de salsa de pimiento rojo picante
- 1/4 cucharadita de sal
- 1/2 cucharadita de salsa Worcestershire
- 1/8 de cucharadita de cayena
- 19g de pimientos
- 1 cucharada de mantequilla
- 19g de apio finamente picado
- 2 cucharadas de cebollas verdes picadas
- 19g de cebollas rojas finamente picadas
- 1 cucharadita de ajo picado
- 1 cucharadita de eneldo fresco picado
- 1 cucharada de perejil fresco picado
- 453g de carne de cangrejo en trozos que se ha recogido para eliminar cualquier cartílago
- Cebollino fresco, para decorar
- 124g de parmesano
  Con los champiñones Portobello
- 6 champiñones Portobello grandes, sin los tallos y limpios
- Sal y pimienta negra recién molida
- 60ml de aceite de oliva
  Con champiñones cremini
- 36 champiñones cremini, sin los tallos y limpios

Instrucciones
1. 182 a 204 grados C. Precaliente la freidora de aire.
2. Mezcle la mostaza, la mayonesa, el zumo de limón, el Worcestershire, la salsa de pimienta, la sal y la cayena en un plato ancho. Remover hasta que se combinen bien y reservar.
3. Calentar la mantequilla en una sartén mediana a fuego medio-alto. Añada el apio, los pimientos y las cebollas rojas, y cocine durante unos 2 minutos, removiendo, hasta que se marchiten. Añadir el ajo y las cebollas verdes y cocinar durante 30 segundos, removiendo. Retirar y dejar enfriar del fuego. Una vez frío, aplique el perejil y el eneldo a la mezcla de mayonesa y remueva hasta que se mezcle. Envuelva la carne de cangrejo suavemente en ella.
4. Rellene cada tapa de champiñón con alrededor de 1 cucharada de la mezcla imperial de carne de cangrejo mientras utiliza los champiñones cremini. Colocar y espolvorear con el queso parmesano en la bandeja del horno. Hornee hasta que se caliente y haga burbujas por encima (de 8 a 10 minutos) en la posición de la bandeja n° 5.
5. Si se utilizan champiñones portobello, cortar las branquias de la parte inferior de los champiñones con un cuchillo de pelar y retirarlas. Engrasar suavemente ambos lados con aceite de oliva y salpimentar ligeramente el recubrimiento. Colocar en una bandeja de horno y hornear durante unos 10 minutos, hasta que estén tiernos. Sacar del horno y repartir la mezcla imperial de carne de cangrejo entre los sombreros de los champiñones cuando estén lo suficientemente fríos como para poder manejarlos, y espolvorear con queso. Hornear de 10 a 12 minutos, antes de que la mezcla esté cocida y burbujeante por encima.
6. Sácalo del horno y ponlo en un plato.

Nutrición: Calorías 56 Grasas 3,9g Hidratos de carbono 2,4g

Gougeres rellenas de mousse de jamón

Tiempo de preparación: 11 minutos
Tiempo de cocción: 30 minutos
Porciones: 12

Ingredientes:
- 250ml de leche
- 1/2 cucharadita de sal
- 4 cucharadas de mantequilla sin sal
- 1/4 de cucharadita de pimienta de cayena
- 4 huevos grandes, a temperatura ambiente
- 125g de harina para todo uso
- Mousse de jamón
- 145g de Gruyere rallado

Instrucciones
1. Precaliente el horno a 204°C.
2. Llevar a ebullición la sal, la mantequilla, la leche y la cayena en una cacerola grande de fondo grueso. Retirar del fuego.
3. Incorporar la harina a la vez y remover enérgicamente, durante un minuto aproximadamente, con una cuchara de madera para que se integre. Volver a poner la mezcla al fuego y remover hasta que la masa se espese y se haga una bola. Apagar el fuego y añadir 1 huevo cada vez, removiendo bien después de añadir cada uno. Remueva hasta que tenga una masa satinada. Incorpore un poco de queso y mezcle hasta que la masa sea densa y gran parte del queso se haya derretido. Pasar a una manga pastelera provista de una punta mediana lisa.
4. Colocar la masa en las hojas preparadas en forma de pequeños montículos. Hornear en el horno o en la freidora de aire hasta que se doren y se inflen unas 3 veces su tamaño original, 20-25 minutos en el horno o 10-12 minutos en la posición del estante n° 5 de la freidora de aire. Para evitar que se desinflen, no abra la puerta del horno durante los primeros 10-15 minutos.

5. Saca del horno y deja que se enfríen un poco.
6. Corta la parte superior de cada gougere con un cuchillo de pelar, manteniéndola parcialmente fijada o eliminada. En el centro de cada gouger, vierta aproximadamente una cucharadita y media de la mousse y vuelva a colocar la parte superior.
7. Colocar las gougeres rellenas de mousse en un plato.

Nutrición: Calorías 63 Grasas 29g Proteínas 19g

Camarones Freídos al Aire con Ajo

Tiempo de preparación: 12 minutos
Tiempo de cocción: 20 minutos
Porciones: 4

Ingredientes:
- 907g de camarones medianos, desvenados y pelados
- 1/2 cucharadita de pimienta de cayena
- 1/2 cucharadita de sal kosher
- 2 cucharadas de aceite de oliva
- 2 cucharadas de ajo picado
- 2 cucharadas de mantequilla
- 60ml de vino blanco seco
- 1 cucharadita de ralladura de limón
- 1 cucharadita de romero fresco y picado
- 2 cucharadas de crema de leche
- 1 cucharadita de salsa Worcestershire

Instrucciones
1. Mezclar las gambas con la cayena, la sal y el aceite de oliva en una fuente mediana.
2. Añada el ajo y la mantequilla en la sartén de la Air Fryer ajustada a 188 grados C y cocine durante 3 minutos. Añada el vino, la ralladura de limón, la nata, el romero y el Worcestershire, y continúe cocinando durante otros 3-4 minutos a 188° C. Añada las gambas y proceda a cocinar durante 5-7 minutos más o hasta que las gambas estén cocidas y opacas.
3. Con una rebanada de pan crujiente, comer inmediatamente.

Nutrición: Calorías 228 Proteínas 46g Grasas 3g

Frijoles verdes fritos con salsa de ajo y limón

Tiempo de preparación: 9 minutos
Tiempo de cocción: 10 minutos
Porciones: 4

Ingredientes:
- 62g de harina
- 126g de pan rallado
- 2 huevos
- 2 cucharadas de especias para ennegrecer
- 243g de mayonesa
- 453g de judías verdes
- 1 diente de ajo
- 2 cucharadas de perejil
- Zumo de 1/2 lima

Instrucciones
1. En un bol pequeño, añadir la harina.
2. En otro bol poco profundo, batir los huevos.
3. Combinar los ingredientes para la mezcla de pan rallado en un tercer bol pequeño.
4. Pasar las judías verdes por el arroz, luego por los huevos y después por la mezcla de pan rallado.
5. En dos rejillas Air Flow, pon las judías verdes empanadas. Coloque las rejillas en los estantes inferior y medio del horno de la freidora de aire.
6. Ajuste el periodo de cocción a 10 minutos y pulse el botón de encendido y luego el botón de patatas fritas (a unos 204 °C). A la mitad del tiempo de cocción gire las rejillas (5 minutos).
7. En un tazón pequeño, combine los ingredientes de su salsa y únalos.
8. Utilice el dip para servir las judías verdes.
Nutrición: Calorías 123 Proteínas 5g Grasas 4g

Envolturas de carne coreana

Tiempo de preparación: 19 minutos
Tiempo de cocción: 10 minutos
Porciones: 4
Ingredientes:
- 125ml de salsa de soja baja en sodio
- 1 cucharada de azúcar moreno
- 2 cucharadas de zumo de naranja fresco
- 1 cucharada de copos de pimienta roja
- 1 cucharada de jengibre picado
- 1 cucharada de ajo picado
- Partes blancas de 1 manojo de cebollas
- 453g de solomillo
- 2 cucharaditas de aceite de sésamo caliente
- 2 cucharadas de semillas de sésamo tostadas
- Kimchi
- Arroz blanco al vapor
- Lechuga romana o corazones de lechuga

Instrucciones
1. En un bol mediano, mezcle el zumo de naranja, las cebolletas blancas, la salsa de soja, el azúcar moreno, el ajo, el jengibre, las escamas de pimienta roja y el aceite de sésamo y mézclelo. A continuación, añada el bistec y cúbralo con una batidora.
2. Deja marinar el bistec en el frigorífico en una tarrina durante al menos 4 horas.
3. Mueva el filete a la bandeja de crispar y a la bandeja de hornear hasta que el filete termine de marinarse. Colóquelo en la posición n° 1 de la rejilla para pizzas. Coloque la rejilla para pizzas encima de la bandeja para hornear. Deslice la Bandeja para Crispar en la Posición 2 del Estante. Ajuste la posición Air Fry (400° F/205° C). Cambie el tiempo de cocción a unos 10 minutos. Para comenzar el periodo de cocción, pulse el botón de inicio.
4. Si lo desea, sirva el kimchi, la carne, el arroz y la pasta de miso cubiertos de lechuga o de sus guarniciones favoritas de Corea.

Nutrición: Calorías 441 Grasas 15,4g Proteínas 19,8g

Pizza de setas y manchego

Tiempo de preparación: 14 minutos
Tiempo de cocción: 30 minutos
Porciones: 2

Ingredientes:
- 226g de setas silvestres
- Sal
- 1 cucharada de aceite de oliva
- Pimienta fresca molida
- 125ml de salsa blanca de ajo asado comprada en la tienda
- 453g de masa de pizza de sémola
- 4 rebanadas de prosciutto, jamón español o cualquier otro embutido en lonchas finas
- Aceite de trufa
- 4 lonchas de queso manchego

Instrucciones
1.
2. En un recipiente de tamaño mediano, añada los champiñones, la sal, el aceite de oliva y la pimienta negra y mezcle. A continuación, esparza los champiñones sobre la bandeja del horno en una sola hoja.
3. Coloque en la posición n° 1 de la rejilla para pizzas. Coloque la rejilla para pizzas encima de la bandeja de hornear. Seleccione el ajuste Air fry (204 °C). Ajuste el tiempo de cocción a unos 10 minutos. Para iniciar el periodo de cocción, pulse el botón de inicio. Revuelva la mezcla después de la mitad del tiempo de cocción (5 minutos).
4. Retire y reserve los champiñones hasta que finalice el periodo de cocción.
5. Divida la masa en dos partes separadas. Espolvorear suavemente una superficie de trabajo con harina. Sobre la superficie de trabajo, voltear la masa y enrollar cada pieza en redondeles de 8 pulgadas.

6. Colocar una pizza en la bandeja de crispar. Vierta la mitad de la salsa de manera uniforme sobre la superficie de la masa. Colocar la mitad del jamón asado, los champiñones y el queso manchego sobre la salsa y rociar la pizza con aceite de trufa.
7. A continuación, deslice la bandeja de cocción en la posición 5 de la bandeja. Seleccione el ajuste para la pizza (190° C durante 20 minutos). Para comenzar el periodo de cocción, pulse el botón de inicio.
8. Deslice su Bandeja de Crisps en la Posición n° 1 del Estante cuando el periodo de cocción esté completo. Elija el ajuste para la pizza. Ajuste la temperatura de cocción a 204° C y el tiempo de cocción a 2 minutos. Para comenzar el periodo de cocción, pulse el botón de inicio. Cuando termine de cocinar la primera pizza, repita la fase de cocción en la segunda pizza.

Nutrición: Calorías 1130 Proteínas 41g Grasas 55g

DESAYUNO

Huevo revuelto

Tiempo de preparación: 7 minutos
Tiempo de cocción: 16 minutos
Porciones: 1

Ingredientes:
- 2 huevos
- 2 cucharadas. Mantequilla
- 59g de queso
- 1 tomate

Instrucciones
1. Precaliente la freidora de aire seleccionando el modo de freír al aire
2. Ajuste la temperatura a 143°C y el tiempo a 5 minutos
3. Engrasar la bandeja de horno con la mantequilla.
4. En un bol, mezclar todos los ingredientes.
5. Verter en la bandeja de la freidora de aire
6. Pasar a la freidora de aire.
7. Freír al aire durante 7 minutos

Nutrición: Calorías: 206 Grasas: 11,3g Proteínas: 12g

Cazuela de huevos con salchichas y champiñones

Tiempo de preparación: 16 minutos,
Tiempo de cocción: 37 minutos,Porciones: 11
Ingredientes:
- Spray de cocina
- 340g. de salchicha de desayuno
- 1 cucharada de mantequilla
- 226g. de champiñones cremini, cortados en rodajas finas
- 12 huevos, 125ml de leche entera
- 1 cucharada de sal
- 1/4 de cucharada de pimienta negra
- 226g. de queso Havarti, rallado

Instrucciones
1. Engrasar una bandeja de horno con spray de cocina y colocar dos hojas de papel de cocina en una bandeja y dejar a un lado.
2. Cocinar la salchicha en una sartén a fuego medio-alto durante 7 minutos o hasta que se dore. Romper la salchicha en trozos con una espátula de goma.
3. Transfiera la salchicha cocida a la fuente con toallas de papel.
4. Añadir mantequilla a la sartén y cocinar los champiñones durante 6 minutos o hasta que los champiñones se hayan dorado y encogido.
5. Bata los huevos, la leche, la sal y la pimienta en un bol. Añadir la salchicha cocida, las setas y cubrir con el queso. Mezclar hasta que todo esté bien distribuido.
6. Vierta la mezcla en el plato preparado y coloque el plato en la rejilla para pizzas de la Air Fryer 360 y pulse hornear.
7. Ajuste la temperatura a 177°C y el temporizador a 40 minutos. Pulse el botón de inicio para comenzar.
8. Cuando la cazuela esté hecha, compruebe si está totalmente cocida. Corta en cuadrados y ponlos en los platos con una cuchara. Sirva y disfrute.
9. **Nutrición:** Calorías: 100 Grasas: 7g Proteínas: 8g

Cazuela de huevos con salchichas y queso

Tiempo de preparación: 5 minutos
Tiempo de cocción: 66 minutos
Porciones: 10

Ingredientes:
- Spray antiadherente para cocinar
- 340g de salchicha de desayuno
- 12 huevos
- 125ml de leche entera
- 1 cucharada de sal
- 1/4 de cucharada de pimienta negra
- 226g. de queso cheddar, rallado

Instrucciones
1. Engrasar una fuente de horno con spray de cocina y colocar dos hojas de papel de cocina en una bandeja y dejarla a un lado.
2. Cocinar la salchicha en una sartén a fuego medio-alto durante 7 minutos o hasta que se dore. Romper la salchicha en trozos con una espátula de goma.
3. Transfiera la salchicha cocida a la fuente con toallas de papel.
4. Revuelva los huevos, la leche, la sal y la pimienta en un bol. Añada la salchicha cocida y cubra con queso rallado. Mezclar hasta que todo esté bien distribuido.
5. Vierta la mezcla en la fuente preparada y coloque la fuente en la rejilla para pizzas de la Air Fryer y pulse el ajuste de horneado.
6. Ajuste la temperatura a 177°C y el temporizador a 45 minutos. Pulse el botón de inicio para comenzar.
7. Cuando la cazuela esté hecha, córtala en cuadrados y ponla en los platos. Sirva y disfrute.

Nutrición: Calorías: 130 Grasas: 14g Proteínas: 14g

Cazuela de huevos con espinacas y alcachofas

Tiempo de preparación: 10 minutos
Tiempo de cocción: 46 minutos
Porciones: 11

Ingredientes:
- Spray antiadherente para cocinar
- 1 cucharada de aceite de oliva
- 113g. de espinacas baby
- 1 lata de alcachofas
- 12 huevos
- Cebollas picadas
- 130g de crema agria
- 1/4 de cucharada de ajo en polvo
- 1 cucharada de sal
- 1/4 de cucharada de pimienta negra
- 113g. de queso mozzarella, rallado
- 113g. de mezcla italiana

Instrucciones
1. Rocía una bandeja para hornear con aceite en aerosol.
2. Precalentar el aceite de oliva en una sartén a fuego medio. Poner las espinacas y cocinar durante 2 minutos o hasta que las espinacas se ablanden.
3. Añadir las alcachofas y cocinar durante 1 minuto más. Retirar del fuego.
4. En un bol, mezclar los huevos, las cebolletas, la crema agria, el ajo, la sal y la pimienta. Añadir las espinacas cocidas, las alcachofas y el queso.
5. Mezclar hasta que las verduras estén bien distribuidas. Vierta la mezcla en la fuente de horno y coloque la fuente en la rejilla para pizza de su freidora de aire. Seleccione el ajuste de horneado.

6. Ajuste la temperatura a 177°C y el temporizador a 45 minutos. Pulse el botón de inicio para comenzar.
7. Cuando la cazuela esté hecha, déjela reposar durante 10 minutos antes de servirla. Cortar en cuadrados y poner en los platos con una cuchara. Sirva y disfrute.

Nutrición: Calorías: 150 Grasas: 11g Proteínas: 10g

Merengues de vainilla

Tiempo de preparación: 30 minutos
Tiempo de cocción: 3 horas
Porciones: 4

Ingredientes:
- 4 claras de huevo extra grandes
- 375g de azúcar
- 1 cucharadita de sal
- Semillas de 1 vaina de vainilla

Instrucciones
1. Combinar el azúcar y la sal en un bol.
2. Batir a velocidad media las claras de huevo en otro bol hasta que estén espumosas y se formen picos suaves.
3. Verter poco a poco la mezcla de azúcar a las claras y batir hasta que se formen picos medios.
4. Añadir el extracto de vainilla y las semillas a las claras aumentando la velocidad de la batidora a alta y batir hasta que se formen picos duros.
5. Pasar las claras a una manga pastelera con punta de estrella o de rosetón y colocar pequeños montículos en tres rejillas Air Flow forradas con papel pergamino. Coloque las rejillas en los estantes inferior, medio y superior del horno de la freidora de aire.
6. Presione el botón de encendido, luego el botón del deshidratador y aumente la temperatura de cocción a 76°C y ajuste el tiempo de cocción a 3 ½ horas.

Nutrición: Calorías: 10 Grasas: 0,3g Proteínas: 0,1g

Bolas de arroz a la cazuela de judías verdes

Tiempo de preparación: 14 minutos
Tiempo de cocción: 36 minutos
Porciones: 4

Ingredientes:
- 132g de ricotta de leche entera
- 65g de crema de champiñones
- 2 huevos batidos
- 140g de cebollas fritas
- 211g de arroz para sushi, cocido
- 1 pizca de sal y pimienta
- 250g de harina para todo uso
- 238g de queso mozzarella
- 2 latas (411g) de judías verdes (cortadas)

Instrucciones
1. En un bol grande, juntar la mozzarella, el arroz, el requesón, la crema de champiñones y las judías verdes.
2. Remover para mezclar bien. Sazonar con sal y pimienta al gusto. Colocar el relleno en el lado ligeramente salado.
3. Refrigerar durante treinta minutos y montar la estación de dragado.
4. Colocar las cebollas fritas en una bolsa de plástico con cierre. Romper las cebollas en bocados. Transfiera a un recipiente poco profundo.
5. Enrollar la mezcla de arroz en bolas, más o menos de la masa de una bola de billar.
6. Sumergir la bola en la harina, luego en el huevo y, por último, en los bocaditos de cebolla.
7. Cocinar en el aparato a 193C, hasta que se doren.
8. Servir caliente.

Nutrición: Calorías: 101 Grasas: 9,4g Proteínas: 7g

Rollos de ternera y judías

Tiempo de preparación: 5 minutos
Tiempo de cocción: 16 minutos
Porciones: 4

Ingredientes:
- 453g de carne molida, cocida
- 88g de frijoles refritos
- 2 cucharaditas de condimento para tacos
- 4 tortillas de maíz
- 53g de tomates picados
- 119g de queso mexicano, rallado

Instrucciones
1. Mezclar la carne y las judías en un bol.
2. Sazonar con el condimento para tacos.
3. Cubrir las tortillas con la mezcla de carne.
4. Espolvorear los tomates y el queso por encima.
5. Enrolla las tortillas.
6. Añade los rollos a la bandeja de la freidora de aire.
7. Seleccionar el ajuste de freír al aire.
8. Cocine a 171 grados C durante 4 minutos por lado.

Nutrición: Calorías: 385,8 Grasa: 16,4g Proteínas:

Mini perrito de maíz freído al aire

Tiempo de preparación: 11 minutos
Tiempo de cocción: 8 minutos
Porciones: 1

Ingredientes:
- 1 porción de Corndogs congelados

Instrucciones
1. Precalentar la freidora de aire a unos 182 grados C
2. Ponga los mini perritos de maíz en la base de la freidora de aire en una sola capa. Deje que se preparen de forma desigual al añadir más de una capa, y tendrá unos corn-dogs poco hechos.
3. Fría durante 4 minutos a 182° C. Agite la cesta y luego fría durante 4 minutos más. Si le gusta un perrito de maíz más crujiente o si su freidora de aire tiende a cocinar poco, añada un minuto.

Nutrición: Calorías: 166 Grasas: 3g Proteínas: 8g

RECETAS DE AVES DE CORRAL

Alitas de pollo con queso

Tiempo de preparación: 6 minutos
Tiempo de cocción: 22 minutos
Porciones: 3

Ingredientes:
- 454 g de alitas de pollo con hueso
- 2 cucharadas de aceite de oliva
- 47g de queso parmesano rallado
- 2 dientes de ajo machacados

Instrucciones
1. Ajuste la freidora de aire a 193°C.
2. Seque las alitas de pollo con papel de cocina. Mezcle las alitas de pollo con el resto de los ingredientes.
3. Disponga las alitas de pollo en la bandeja de crujientes.
4. Coloque la bandeja de crujientes en la posición correspondiente de la freidora de aire. Seleccione Freír al aire y cocine las alitas de pollo durante 22 minutos, dándoles la vuelta a mitad del tiempo de cocción.
5. ¡Buen provecho!

Nutrición: Calorías: 251 Grasas: 19g Proteínas: 30g

Palillos de pollo salados

Tiempo de preparación: 9 minutos
Tiempo de cocción: 21 minutos
Porciones: 3

Ingredientes:
- 3 muslos de pollo con hueso
- 2 cucharadas de aceite de oliva
- 2 cucharadas de salsa de soja
- 1 cucharada de vinagre de arroz
- 1 cucharadita de ajo en polvo

Instrucciones
1. Ajuste la freidora de aire a 188°C.
2. Secar los muslos de pollo con papel de cocina. Mezcle los muslos de pollo con el resto de los ingredientes.
3. Colocar los muslos de pollo en la bandeja de crujientes.
4. Coloque la bandeja de crujientes en la posición correspondiente de la freidora de aire. Seleccione Freír al Aire y cocine el pollo durante 20 minutos, dándoles la vuelta a mitad del tiempo de cocción.
5. ¡Buen provecho!

Nutrición: Calorías: 257 Grasas: 17g Proteínas: 33g

Pechugas de pavo con mostaza

Tiempo de preparación: 9 minutos
Tiempo de cocción: 60 minutos
Porciones: 5

Ingredientes:
- 2 cucharadas de aceite de oliva
- 1 cucharada de mostaza de Dijon
- 1 cucharada de salsa picante
- 1 cucharadita de pimentón ahumado
- 1 cucharadita de albahaca seca
- 1 cucharadita de tomillo seco
- 2 libras (907 g) de pechuga de pavo con hueso

Instrucciones
1. Poner la freidora de aire a 176°C.
2. En un recipiente para mezclar, combine bien el aceite de oliva, la sal, la pimienta negra, la mostaza, la salsa picante, el pimentón, la albahaca y el tomillo.
3. Frote la mezcla por toda la pechuga de pavo. Coloque la pechuga de pavo en la bandeja de crispar.
4. Coloque la bandeja de crispar en la posición correspondiente de la freidora de aire. Seleccione Asado y cocine la pechuga de pavo durante 1 hora, dándoles la vuelta cada 20 minutos.
5. ¡Buen provecho!

Nutrición: Calorías: 279 Grasa: 15g Proteínas: 30g

Drumettes de pavo

Tiempo de preparación: 6 minutos
Tiempo de cocción: 40 minutos
Porciones: 4

Ingredientes:
- 1½ libras (680 g) de pavo
- 1 cucharada de aceite de sésamo
- 1 cucharadita de mezcla de condimentos para aves

Instrucciones
1. Poner la freidora de aire a 204°C.
2. Mezcle los tamborcillos de pavo con el resto de los ingredientes. Disponga los drumettes de pavo en la bandeja de crujientes.
3. Coloque la bandeja de crujientes en la posición correspondiente de la freidora de aire. Seleccione Freír al Aire y cocine las croquetas de pavo durante 40 minutos, dándoles la vuelta a mitad del tiempo de cocción.
4. Deje reposar el pavo durante 10 minutos antes de cortarlo y servirlo. ¡Buen provecho!

Nutrición: Calorías: 274 Grasa: 17g Proteínas: 39g

Filete de pato con salsa de soja

Tiempo de preparación: 6 minutos
Tiempo de cocción: 30 minutos
Porciones: 4

Ingredientes:
- 1½ libras (680 g) de filete de pato
- 1 cucharada de miel
- 2 cucharadas de salsa de soja oscura
- 1 cucharada de pasta de soja

Instrucciones
1. Comience por precalentar la freidora de aire a 330°F (166°C).
2. Mezcle el filete de pato con el resto de los ingredientes. Coloca el filete de pato en la bandeja de hornear.
3. Coloque el molde en la posición correspondiente de la freidora. Seleccione Hornear y cocine el filete de pato durante 15 minutos, dándole la vuelta a mitad del tiempo de cocción.
4. Ajuste la temperatura a 176°C y continúe la cocción durante unos 15 minutos o hasta que esté bien cocido.
5. Dejar reposar 10 minutos antes de trinchar y servir. ¡Buen provecho!

Nutrición: Calorías: 249 Grasas: 12g Proteínas: 23g

Hamburguesas de pollo con salsa de chile

Tiempo de preparación: 9 minutos
Tiempo de cocción: 16 minutos
Porciones: 4

Ingredientes:
- 454 g de pollo molido
- 1 cucharada de aceite de oliva
- 1 cebolla pequeña picada
- 1 cucharadita de ajo picado
- 1 cucharada de salsa de chile

Instrucciones
1. Ajuste la freidora de aire a 193°C.
2. Incorporar todos los ingredientes hasta que estén bien combinados. Formar la mezcla en cuatro hamburguesas.
3. Disponer las hamburguesas en la bandeja de crispar.
4. Coloque la bandeja de crispar en la posición correspondiente en la freidora de aire. Seleccione Freír al Aire y cocine las hamburguesas durante unos 17 minutos o hasta que estén bien cocidas; asegúrese de darles la vuelta a mitad del tiempo de cocción.
5. ¡Buen provecho!

Nutrición: Calorías: 294 Grasa: 21g Proteínas: 38g

Ensalada de pollo con pepino

Tiempo de preparación: 9 minutos
Tiempo de cocción: 12 minutos
Porciones: 4

Ingredientes:
- Pechugas de pollo de 1 libra (454 g), deshuesadas y sin piel
- 1 cebolla roja, cortada en rodajas finas
- 1 pimiento morrón, cortado en rodajas
- 4 aceitunas Kalamata, sin hueso y picadas
- 1 pepino griego pequeño, rallado y exprimido
- 4 cucharadas de yogur griego
- 4 cucharadas de mayonesa
- 1 cucharada de zumo de limón fresco

Instrucciones
1. Poner la freidora de aire a 193ºC
2. Seque el pollo con toallas de papel. Colocar las pechugas de pollo en una bandeja para crispar ligeramente aceitada.
3. Coloque la bandeja de crispar en la posición correspondiente de la freidora de aire. Seleccione Asar y cocine el pollo durante 12 minutos, dándoles la vuelta a mitad del tiempo de cocción.
4. Trocea las pechugas de pollo y pásalas a una ensaladera; añade el resto de los ingredientes y remueve para combinarlos bien.
5. Servir frío.

Nutrición: Calorías: 266 Grasa: 15g Proteínas: 27g

Filetes de Pollo con Queso

Tiempo de preparación: 9 minutos
Tiempo de cocción: 12 minutos
Porciones: 4

Ingredientes:
- 1½ libras (680 g) de filetes de pollo
- 2 cucharadas de aceite de oliva
- 1 cucharadita de pimentón ahumado
- 1 cucharadita de mezcla de condimentos italianos
- 119g de queso Pecorino Romano rallado

Instrucciones
1. Poner la freidora de aire a 193°C
2. Secar los filetes de pollo con papel de cocina. Mezcle los filetes de pollo con el aceite de oliva y las especias. Colocar los filetes de pollo en la bandeja de crispar.
3. Coloque la bandeja de crispar en la posición correspondiente de la freidora de aire. Seleccione Freír al Aire y cocine los filetes de pollo durante 12 minutos, dándoles la vuelta a mitad del tiempo de cocción.
4. Cubra los filetes de pollo con queso rallado y sirva caliente. ¡Buen provecho!

Nutrición: Calorías: 278 Grasas: 19g Proteínas: 32g

RECETAS DE CARNE DE RES

Curry de ternera

Tiempo de preparación: 9 minutos
Tiempo de cocción: 12 minutos
Porciones: 4

Ingredientes:
- 907g de bistec (cortado en dados)
- 250ml de leche de coco sin azúcar
- 3 patatas medianas (cortadas en dados)
- 1 cucharada de mostaza de Dijon
- 500ml de agua
- 2-1/2 cucharadas de curry en polvo
- 2 cebollas amarillas pequeñas (peladas y cortadas en dados)
- 2 dientes de ajo pelados y preferiblemente picados
- 2 cucharadas de salsa de tomate
- 2 cucharadas de aceite de oliva virgen extra
- Sal y pimienta negra molida, al gusto

Instrucciones:
1. Ponga la olla a presión y la freidora de aire en el modo de saltear.
2. Caliente el aceite, añada la carne y cocínela durante 3 minutos por cada lado o hasta que esté dorada. Retirar y dejar a un lado.
3. Añada la cebolla y el ajo. Saltear durante 2-3minutos o hasta que la cebolla esté translúcida.
4. Añada el resto de los ingredientes y cocine durante 5-7 minutos. Cambie a la modalidad de carne al vapor y cocine a fuego lento durante 3 minutos más
5. Añada agua hasta cubrir y tape con la tapa de cristal. Deje que se cocine durante 10 minutos
6. Destape la tapa y sirva.

Nutrición: Calorías: 334 Grasas: 42g Proteínas: 46g

Carne de vaca a la Stroganoff

Tiempo de preparación: 9 minutos
Tiempo de cocción: 31 minutos
Porciones: 6

Ingredientes:
- 1.3Kg de carne de res (cortada en cubos de 1 pulgada de espesor)
- 3 cucharadas de salsa Worcestershire
- 1 cebolla (picada)
- 1-1/2 cucharadas de fécula de maíz
- 2 cucharadas de aceite vegetal
- 1-1/2 cucharadas de almidón de maíz
- 1-1/2 cucharadas de pasta de tomate
- 2 dientes de ajo (prensados)
- 86g de crema agria
- 283g de champiñones (en rodajas)
- Sal y pimienta negra molida, al gusto
- Fideos de huevo, (cocidos)
- 250ml de caldo de carne
- 3 cucharadas de agua

Instrucciones:
1. En un bol, mezclar la carne, la harina, la sal, la pimienta y mezclar hasta que la carne esté bien cubierta.
2. Ponga la olla a presión y freidora de aire en modo saltear. Caliente ½ del aceite y la mantequilla en una sartén a fuego bajo-medio, añada el champiñón y cocínelo durante 3-5 minutos o hasta que esté dorado. Sazone con sal, pimienta y reserve.
3. Caliente el aceite restante y dore la carne por todos los lados.
4. Retirar la carne y reservar, añadir las cebollas y cocinar durante 3-5 minutos o hasta que estén blandas y translúcidas. Incorpore el ajo y la pasta de tomate y cocine durante 2 minutos más.
5. Añadir el caldo de carne y la salsa Worcestershire. Cocine durante 1 minuto más. Incorpore los cubos de carne dorados.

Cubra la Olla a Presión y Freidora de Aire con la Tapa de Cristal y deje que se cocine al vapor durante 10 minutos.

6. Destape la Olla a Presión. En un bol, bata la maicena y el agua hasta que estén bien combinados. Añadir la mezcla a la olla a presión, remover para combinar. Cocer al vapor hasta que la salsa espese. Incorpore la crema agria y el champiñón.
7. Servir con los fideos de huevo.

Nutrición: Calorías: 459 Grasas: 18,4g Proteínas: 35g

Chili de ternera

Tiempo de preparación: 11 minutos
Tiempo de cocción: 30 minutos
Porciones: 6

Ingredientes:
- 679g de carne molida
- 1 (340g) de alubias rojas (escurridas)
- 2 (793g) tomates enlatados en cubos
- 1 cebolla blanca (picada)
- 1/2 cucharadita de comino (molido)
- 375ml de caldo de carne
- 250ml de cerveza
- 2 cucharadas de aceite de oliva
- 6 dientes de ajo (picados)
- 4 zanahorias (peladas y cortadas en dados)
- 3 cucharadas de chile en polvo
- 1 cucharadita de chile en polvo
- 1 hoja de laurel
- 7 chiles jalapeños (picados)
- 150g de queso cheddar rallado
- Sal y pimienta negra molida, al gusto

Instrucciones:
1. Ponga la olla a presión y freidora de aire en el modo de saltear.
2. Caliente 1 cucharada de aceite, añada la carne y deje que se cocine durante 5-8 minutos o hasta que esté ligeramente dorada (cocinando la carne por tandas). Pasar a un bol y dejar a un lado.
3. Añada el aceite restante a la olla, añada las cebollas, el ajo, la zanahoria, la cebolla, el comino, el chile en polvo y el chile jalapeño. Cocine durante 3-5 minutos o hasta que se dore. Incorpore la cerveza, los tomates, el caldo y las hojas de laurel y sazone con sal y pimienta.

4. Ponga la olla a presión y freidora de aire en el modo de cocción lenta de carne (medio). Cubra con la tapa de presión.
5. Una vez hecho, libere la presión de forma natural durante 10 minutos. Haga una liberación rápida de la presión hasta que la válvula baje. Destape la Olla a Presión y Freidora de Aire. Incorpore las alubias rojas y deje cocer a fuego lento durante 5-7 minutos.
6. Servir con el queso.

Nutrición: Calorías: 372 Grasas: 16g Proteínas: 45g

Carne Bourguignon

Tiempo de preparación: 13 minutos
Tiempo de cocción: 32 minutos
Porciones: 6
Ingredientes:

- 3.6Kg de bistec redondo (cortado con un grosor de 1.2cm)
- 250ml de vino tinto seco
- 2 zanahorias grandes (peladas y cortadas en rodajas)
- 125ml de caldo de carne
- 2 dientes de ajo (prensados)
- 3 rebanadas de tocino (en cubos)
- 53g de champiñones (en rodajas)
- 2 cucharadas de harina de maíz
- 70g de cebollas perladas
- 1/4 de cucharadita de albahaca seca
- Sal y pimienta negra molida, al gusto
- 2 cucharadas de aceite de oliva

Instrucciones:
1. Ponga la olla a presión y freidora de aire en el modo de saltear.
2. Caliente el aceite en la olla a presión, añada el bacon y dórelo por todos los lados durante 2-3 minutos. Añada la carne y cocine de 3 a 5 minutos o hasta que se dore (esto debe hacerse preferentemente en tandas). Retirar y dejar a un lado.
3. Añadir la cebolla y el ajo y dejar que se cocinen durante 1 minuto. Incorporar la carne, el vino, el caldo de carne, la albahaca, el tocino, la sal, la pimienta y la harina.
4. Ponga la olla a presión y freidora de aire en el modo de carne a presión (medio). Cubra con la Tapa de Presión y deje durante 30 minutos.
5. Libere la presión, destape la olla a presión e incorpore las zanahorias y los champiñones. Tapar y ajustar al Modo Vapor-Cocinar durante 5-7 minutos más.
6. Suelte la presión y sirva.

Nutrición: Calorías: 342 Grasas: 17g Proteínas: 39g

Jarrete de cordero

Tiempo de preparación: 21 minutos
Tiempo de cocción: 33 minutos
Porciones: 4

Ingredientes:
- 4 patas de cordero
- 1 cebolla grande (picada)
- 3 zanahorias peladas y picadas
- 2 cucharadas de aceite de oliva virgen extra
- 2 cucharadas de harina blanca
- 2 dientes de ajo (picados)
- 2 cucharadas de pasta de tomate
- 1 lata (340g) de tomates picados
- 2 cucharadas de agua
- 1 cucharadita de orégano seco
- Sal y pimienta negra molida, al gusto
- 1 cubo de caldo de carne
- 60mlde vino tinto

Instrucciones:
1. En un bol, añadir la harina, la sal, el jarrete de cordero y la pimienta y mezclar.
2. Poner la Olla a Presión y Freidora de Aire en Modo Saltear. Caliente el aceite en la olla a presión, añada el jarrete de cordero y cocínelo durante 3-5 minutos o hasta que se dore. Retirar y dejar a un lado.
3. Añada la cebolla, el orégano, la zanahoria y el ajo a la olla a presión. Remover y cocinar durante 5 minutos.
4. Añadir el resto de ingredientes y tapar con la Tapa de Cristal-Cocinar durante 30minutos.
5. Suelte la presión, destape la Olla a Presión y déjela enfriar.
6. Servir con la salsa

Nutrición: Calorías: 330 Grasas: 17g Proteínas: 30g

Costillas de cordero

Tiempo de preparación: 9 minutos
Tiempo de cocción: 32 minutos
Porciones: 8

Ingredientes:
- 8 costillas de cordero
- 250ml de caldo de carne
- 4 ramitas de romero
- 1 cucharada de ajo en polvo
- 2 zanahorias (peladas y picadas)
- 1 cucharadita de pimentón
- 2 cucharadas de aceite de oliva virgen extra
- Sal y pimienta negra molida, al gusto
- 3 cucharadas de harina blanca

Instrucciones:
1. Espolvorear el jarrete de cordero por todos los lados con ajo en polvo, sal y pimienta.
2. Ponga la olla a presión y freidora de aire en modo saltear. Caliente el aceite, añada el cordero y dórelo por todos los lados.
3. Añada la harina, el caldo, el romero y la zanahoria, y remuévalos. Cubra la olla a presión con la tapa de presión.
4. Ponga la Olla a Presión y Freidora de Aire en el Modo de Carne a Presión (Corto).
5. Libere la presión, destape la Olla a Presión, deseche el romero.
6. Servir con la salsa.

Nutrición: Calorías: 234 Grasas: 8,4g Proteínas: 35g

Cordero mediterráneo

Tiempo de preparación: 15 minutos
Tiempo de cocción: 60 minutos
Porciones: 4

Ingredientes:
- 2.7Kg de pierna de cordero, (sin hueso)
- 1 cucharadita de mejorana
- 2 cucharadas de aceite de oliva virgen extra
- Sal y pimienta negra molida, al gusto
- 1 hoja de laurel
- 1 cucharadita de jengibre rallado
- 3 dientes de ajo, (picados)
- 1 cucharadita de tomillo seco
- 1 cucharadita de salvia seca
- 500ml de caldo
- 3 cucharadas de polvo de arrurruz
- 80ml de agua
- 1.3Kg de patatas picadas

Instrucciones:
1. Ponga la olla a presión y freidora de aire en modo saltear. Cocine el aceite, remueva el cordero y dórelo por todos los lados.
2. Incorpore a la olla los ingredientes, excluyendo el arrurruz y las patatas, y programe el Modo Carne a Presión (Corto).
3. Deje que la presión se libere de forma natural durante 10 minutos y, a continuación, libere rápidamente la presión. Destape la olla a presión.
4. Añada las patatas y el arrurruz a la mezcla y cambie el modo de cocción a Vapor Vegetal (Medio) y deje que se cocine durante unos 15 minutos.
5. Servir y disfrutar.

Nutrición: Calorías: 308 Grasas: 15g Proteínas: 30g

Hamburguesa gigante

Tiempo de preparación: 20 minutos
Tiempo de cocción: 40 minutos
Porciones: 4

Ingredientes:
Patty
- 3 lb. de carne picada
- 226g. de tocino, cocido crujiente y picado
- 1 cucharada de condimento criollo
- Sal y pimienta al gusto

Hamburguesa
- 2 cortezas de pizza
- 230g de queso Monterey Jack, rallado
- 150g de queso cheddar rallado
- 25g de cebolla picada
- 30g de pepinillos de eneldo, cortados en dados

Instrucciones:
1. Mezclar los ingredientes de la hamburguesa en un bol.
2. Formar una hamburguesa grande con la mezcla.
3. Añade la hamburguesa a la bandeja de crujientes.
4. Colóquela dentro del horno de la freidora de aire.
5. Pulse el ajuste de horneado.
6. Cocine durante 25 minutos.
7. Transfiera la hamburguesa sobre la corteza de la pizza
8. Cubrir con el queso, la cebolla y los pepinillos.
9. Cubrir con la otra masa de pizza.
10. Añade la hamburguesa gigante dentro del horno de la freidora de aire.
11. Presiona para que se tueste.
12. Tostar durante 15 minutos.

Nutrición: Calorías: 231 Grasas: 6 g de proteínas: 24 g

RECETAS CON CERDO

Brochetas de cerdo y verduras tricolores

Tiempo de preparación: 80 minutos
Tiempo de cocción: 8 minutos
Porciones: 4

Ingredientes:
Para el cerdo:

- 1 libra (454 g) de filete de cerdo, cortado en cubos
- 1 cucharada de vinagre de vino blanco
- 3 cucharadas de salsa para carne
- 60ml de salsa de soja
- 1 cucharadita de chile en polvo
- 1 cucharadita de copos de chile rojo
- 2 cucharaditas de pimentón ahumado
- 1 cucharadita de sal de ajo

Para la verdura:

- 1 calabaza verde, sin pepitas y cortada en cubos
- 1 calabaza amarilla, sin pepitas y cortada en cubos
- 1 pimiento rojo cortado en cubos
- 1 pimiento verde cortado en cubos
- Sal y pimienta negra molida, al gusto
- Spray para cocinar

Instrucciones

1. Combinar los ingredientes para el cerdo en un bol grande. Presione la carne de cerdo para mojarla en la marinada. Envuelve el bol en plástico y refrigera durante al menos una hora.
2. Rocíe la cesta de freír al aire con spray de cocina.
3. Saque el cerdo de la marinada y pase las brochetas por el cerdo y las verduras alternativamente. Espolvorear con sal y pimienta al gusto.
4. Disponga las brochetas en la sartén y rocíe con spray de cocina.

5. Pulse Air Fry, Ajusta la temperatura a 193°C y luego la alarma a 8 minutos. Selecciona Iniciar/Parar para precalentar.
6. Una vez hecho esto, sitúe la cesta en posición de freír al aire.
7. Después de 4 minutos, retire la cesta del horno. Dé la vuelta a las brochetas. Vuelva a colocar la cesta en el horno y continúe la cocción.
8. Cuando termine la cocción, la carne de cerdo debe estar dorada y las verduras deben estar ligeramente carbonizadas y tiernas.
9. Servir inmediatamente.

Nutrición: Calorías 341 Grasa: 26g Proteínas: 28g

Tonkatsu

Tiempo de preparación: 5 minutos
Tiempo de cocción: 10 minutos
Porciones: 4

Ingredientes:

- 88g de harina común
- 2 claras de huevo grandes
- 126g de pan rallado panko
- 4 (4 onzas / 113 g) chuletas de lomo de cerdo deshuesadas cortadas en el centro (de aproximadamente 1.2cm de grosor)
- Spray para cocinar

Instrucciones

1. Verter la harina en un bol. Batir las claras de huevo. Colocar el pan rallado en un plato grande.
2. Rebozar las chuletas de lomo en la harina primero, presionar para cubrirlas bien, luego sacudir el exceso y mojar las chuletas en las claras de huevo, y luego pasar las chuletas por el pan rallado. Sacudir el exceso.
3. Coloque las chuletas de cerdo en la cesta de freír y engráselas con aceite en aerosol..
4. Haga clic en Freir al Aire, Ajuste la temperatura a 190°C y luego la alarma a 10 minutos. Haga clic en Iniciar/Parar para comenzar el precalentamiento.
5. Una vez calentado, sitúe la cesta en Freir al Aire.
6. Después de 5 minutos, retire la cesta del horno. Dé la vuelta a las chuletas de cerdo. Vuelva a colocar la cesta en el horno y continúe la cocción.
7. Cuando termine la cocción, las chuletas de cerdo deben estar crujientes y ligeramente doradas.
8. Servir inmediatamente.

Nutrición: Calorías 344 Grasas: 41g Proteínas: 72g

Salchicha de Kielbasa con piña y pimientos

Tiempo de preparación: 15 minutos
Tiempo de cocción: 10 minutos
Porciones: 4

Ingredientes:
- ¾ de libra (340 g) de salchicha kielbasa, cortada en rodajas de ½ pulgada
- 1 lata (226g) de piña en trozos en jugo, escurrida
- 70g de trozos de pimiento morrón
- 1 cucharada de condimento para barbacoa
- 1 cucharada de salsa de soja

Instrucciones
1. Unte la cesta para freír al aire con spray de cocina.
2. Incorporar todos los ingredientes y luego mezclar bien.
3. Rellenar la mezcla de salchichas en la cesta de freír al aire.
4. Pulse Air Fry, Ajuste la temperatura a 199°C y luego la alarma a 10 minutos. Seleccione Inicio/Parada para comenzar el precalentamiento.
5. Una vez hecho, ponga la cesta en posición de freír al aire.
6. Después de 5 minutos, retire la cesta del horno. Remueva la mezcla de salchichas. Vuelva a introducir la cesta en el horno y continúe la cocción.
7. Cuando termine la cocción, la salchicha debe estar ligeramente dorada y el pimiento y la piña deben estar blandos.
8. Servir inmediatamente.

Nutrición: Calorías 324 Grasas: 23g Proteínas: 11g

Colita de cerdo con salsa de cilantro y perejil al ajo

Tiempo de preparación: 75 minutos
Tiempo de cocción: 30 minutos
Porciones: 4

Ingredientes:
- 1 cucharadita de harina de linaza dorada
- 1 clara de huevo bien batida
- 1 cucharada de salsa de soja
- 1 cucharadita de zumo de limón, preferiblemente recién exprimido
- 1 cucharada de aceite de oliva
- 454 g de paleta de cerdo, cortada en trozos de 5 cm de largo
- Sal y pimienta negra molida, al gusto
- Salsa de cilantro y perejil al ajo
- 3 dientes de ajo picados
- 23g de hojas frescas de cilantro
- 23g de hojas de perejil fresco
- 1 cucharadita de zumo de limón
- ½ cucharada de sal
- 80ml de aceite de oliva virgen extra

Instrucciones
1. Combine la harina de linaza, la clara de huevo, la salsa de soja, el zumo de limón, la sal, la pimienta negra y el aceite de oliva en un bol grande. Sumerja las tiras de cerdo y presione para sumergirlas.
2. Sellar el bol con plástico y luego enfriar para marinar durante al menos 60 minutos.
3. Disponga las tiras de cerdo marinadas en la cesta de freír al aire.
4. Haga clic en Air Fry,. Ajuste la temperatura a 193°C y luego la alarma a 30 minutos. Pulse Iniciar/Parar para comenzar el precalentamiento.

5. Una vez caliente, sitúe la cesta en posición de freír al aire.
6. Después de 15 minutos, saque la cesta del horno. Déle la vuelta a la carne de cerdo. Vuelva a colocar la cesta en el horno y continúe la cocción.
7. Una vez terminada la cocción, la carne de cerdo debe estar bien dorada.
8. Incorporar los ingredientes para la salsa y mezclar bien. Enfriar hasta el momento de servir.
9. Sirva las tiras de cerdo fritas al aire con la salsa enfriada.

Nutrición: Calorías 344 Grasas: 28g Proteínas: 16g

Sándwiches de carne y salchichas

Tiempo de preparación: 14 minutos
Tiempo de cocción: 24 minutos
Porciones: 4

Ingredientes:
- 1 huevo grande
- 60ml de leche entera
- 24 galletas saladas, trituradas pero no pulverizadas
- 1 lb. (454 g) de carne picada
- 1 lb. (454 g) de salchicha italiana
- 4 cucharadas de queso parmesano rallado
- 1 cucharadita de sal
- 4 piezas de panecillos para submarinos
- 238g de salsa Marinara
- 178g de queso mozzarella

Instrucciones
1. Batir el huevo en la leche y luego incorporar las galletas. Reservar durante 6 minutos para que se hidraten.
2. Desmenuzar la carne picada y la salchicha en la mezcla de leche, alternando la carne y la salchicha. Una vez añadida la mitad de la carne, rociar con 2 cucharadas de parmesano rallado y sal, y seguir desmenuzando la carne. Mezclar ligeramente todo.
3. Formar bolas con la mezcla. Presione ligeramente las bolas para evitar que rueden y colóquelas en una bandeja de horno.
4. Pulsa Asar, ajusta la temperatura a 204°C y luego la alarma a 20 minutos. Selecciona Inicio/Parada para comenzar el precalentamiento.
5. Una vez caliente, sitúe la bandeja en posición de asado.
6. Después de 10 minutos, saque la bandeja del horno y dé la vuelta a las albóndigas. Vuelva a situarla en el horno y continúe la cocción.
7. Una vez hechas, sacarlas del horno. Situar las albóndigas en una rejilla.

8. Desenróllelo, con el lado cortado hacia arriba, en la bandeja del horno. Situar 4 albóndigas en la parte inferior de cada rollo y rociar cada sándwich con 59g de salsa marinara. Reparta la mozzarella entre la parte superior de los panecillos y adorne el resto del queso parmesano sobre la mozzarella.
9. Pulsa Asar, ajusta la temperatura a Alta y la alarma a 4 minutos. Selecciona Inicio/Parada para comenzar el precalentamiento.
10. Coloca la bandeja en la posición de asar. Compruebe los sándwiches después de 2 minutos.
11. Cuando haya terminado, sáquelo del horno. Servir.

Nutrición: Calorías 431 Grasas: 21g Proteínas: 19g

RECETAS DE MARISCOS

Garlic Halibut

Tiempo de preparación: 10 minutos
Tiempo de cocción: 12 minutos
Porciones: 4

Ingredientes:
- 453g filetes de mero
- 1/4 de cucharadita de ajo en polvo
- 1/2 cucharadita de pimentón
- 60ml de aceite de oliva
- Pimiento
- Sal

Instrucciones:
1. Colocar los filetes de pescado en una fuente de horno.
2. En un bol pequeño, mezclar el aceite, el ajo en polvo, el pimentón, la pimienta y la sal.
3. Untar los filetes de pescado con la mezcla de aceite.
4. Seleccione el modo de hornear. Ajuste la temperatura a 218 C y el temporizador a 12 minutos. Pulse el botón de inicio.
5. Deje que la freidora de aire se precaliente y luego inserte la rejilla para pizza en la posición del estante 5.
6. Coloque la bandeja para hornear en la rejilla para pizza y cocine.
7. Sirva y disfrute.

Nutrición Calorías 235 Grasas 15,3g Proteínas 23,9g

Camarones a la parmesana fritos al aire

Tiempo de preparación: 10 minutos
Tiempo de cocción: 10 minutos
Porciones: 3

Ingredientes:
- 453g de camarones, pelados y desvenados
- 1 cucharada de aceite de oliva
- 1/4 cucharadita de orégano
- 1/2 cucharadita de pimienta
- 24g de queso parmesano rallado
- 3 dientes de ajo picados
- 1/2 cucharadita de cebolla en polvo
- 1/2 cucharadita de albahaca

Instrucciones:
1. Añadir todos los ingredientes en el bol grande y mezclar bien.
2. Añade las gambas en la bandeja para crispar.
3. Coloque la bandeja de goteo debajo del fondo de la freidora de aire.
4. Inserte la bandeja para crispar en la posición del estante 4.
5. Seleccione el modo de freír al aire. Ajuste la temperatura a 176 C y el temporizador a 10 minutos. Pulse el botón de inicio.
6. Sirva y disfrute.

Nutrición Calorías 251 Grasas 8,9g Proteínas 37,1g

Filetes de pescado al horno con pimienta

Tiempo de preparación: 10 minutos
Tiempo de cocción: 30 minutos
Porción: 1

Ingredientes:
- 226g de filete de pescado blanco congelado
- 1 cucharada de perejil fresco picado
- 1 cucharada de pimiento rojo asado, picado
- 1/2 cucharadita de condimento italiano
- 1 1/2 cucharada de mantequilla derretida
- 1 cucharada de jugo de limón

Instrucciones:
1. Colocar el filete de pescado en una fuente de horno.
2. Rociar el pescado con mantequilla y zumo de limón.
3. Espolvorear con el condimento italiano.
4. Cubrir con pimiento asado y perejil.
5. Seleccione el modo de hornear. Ajuste la temperatura a 204 C y el temporizador a 30 minutos. Pulse el botón de inicio.
6. Deje que la freidora de aire se precaliente y luego inserte la rejilla para pizza en la posición de estante 5.
7. Coloque la bandeja para hornear en la rejilla para pizza y cocine.
8. Sirva y disfrute.

Nutrición: Calorías 357 Grasas 18,8g Proteínas 46,8g

Filetes de pescado a las hierbas con limón

Tiempo de preparación: 10 minutos
Tiempo de cocción: 10 minutos
Porciones: 4

Ingredientes:

- 680g de salmón, cortado en 4 trozos
- 1 diente de ajo rallado
- 1 cucharada de yogur
- 1 cucharadita de ralladura de limón
- 2 cucharadas de zumo de limón
- 2 cucharadas de aceite de oliva
- 1 cucharadita de orégano
- 1/4 de cucharadita de pimienta
- 1/4 de cucharadita de sal

Instrucciones:

1. Añadir todos los ingredientes, excepto el salmón, a una fuente de horno y mezclar bien.
2. Añade el salmón, cúbrelo bien y déjalo reposar durante 30 minutos.
3. Seleccione el modo de horneado. Ajuste la temperatura a 204 C y el temporizador a 10 minutos. Pulse el inicio.
4. Deje que la freidora de aire se precaliente y luego inserte la rejilla para pizza en la posición del estante 5.
5. Coloque la bandeja para hornear en la rejilla para pizza y cocine.
6. Sirva y disfrute.

Nutrición: Calorías 292 Grasas 17,7g Proteínas 33,4g

RECETAS DE VERDURAS Y GUARNICIONES

Champiñones rellenos italianos

Tiempo de preparación: 10 minutos
Tiempo de cocción: 5 minutos
Porciones: 10

Ingredientes:
- 60ml de aceite de oliva
- 2 dientes de ajo, picados
- 47g de queso parmesano rallado
- 63g de pan rallado
- 2 cucharadas de perejil picado
- Sal y pimienta al gusto
- 25 champiñones, sin tallos

Instrucciones
1. En un bol, mezclar todos los Ingredientes excepto las setas.
2. Rellenar los sombreros de los champiñones con la mezcla.
3. Disponer en una sola capa en la bandeja de crispar al aire.
4. Poner el horno de la freidora de aire a asar.
5. Cocine a 171 grados C durante 5 minutos.

Nutrición Calorías 159 Grasas 11g Proteínas 19g

Rangos de cangrejo

Tiempo de preparación: 5 minutos
Tiempo de cocción: 7 minutos
Porciones: 15

Ingredientes:
- 226g de carne de cangrejo
- 226g de queso crema
- 30 envolturas de rollo de huevo
- 60ml de aceite de oliva

Instrucciones
1. Mezclar la carne de cangrejo y el queso crema.
2. Cubrir los envoltorios con la mezcla.
3. Dobla los envoltorios y séllalos.
4. Pincelar ambos lados con aceite de oliva.
5. Colocar los panecillos en la bandeja de crispar al aire.
6. Ponerla en función de freír al aire.
7. Cocine a 149 grados C durante 7 minutos.

Nutrición Calorías 154 Grasas 12g Proteínas 21g

Chips de zanahoria

Tiempo de preparación: 10 minutos
Tiempo de cocción: 12 minutos
Porciones: 6

Ingredientes:
- 3 zanahorias, cortadas en rodajas finas
- 2 cucharadas de aceite de oliva
- -Sal al gusto

Instrucciones
1. Untar las zanahorias con aceite.
2. Sazonar con sal.
3. Colocar las zanahorias en la bandeja de aire crispar.
4. Cocinar a 182 grados C durante 6 minutos.
5. Voltee y cocine por otros 6 minutos.

Nutrición Calorías 134 Grasas 11g Proteínas 19g

Quiche Lorraine

Tiempo de preparación: 15 minutos
Tiempo de cocción: 32 minutos
Porciones: 6

Ingredientes:
- 1 cucharada de mantequilla
- 50g de cebolla picada
- 56g de champiñones
- 130g de jamón, cortado en dados
- 187g de nata
- 1 yema de huevo
- 1 huevo
- ½ cucharadita de tomillo
- ¼ cucharadita de nuez moscada molida
- Sal y pimienta al gusto
- 60g de queso Gruyere rallado
- 1 corteza de pastel refrigerada

Instrucciones
1. Añadir la mantequilla a una sartén a fuego medio.
2. Cocinar la cebolla y los champiñones durante 5 minutos, removiendo a menudo.
3. Incorporar el jamón, la nata, la yema y el huevo.
4. Condimentar con el tomillo, la nuez moscada, la sal y la pimienta.
5. Cocer durante 2 minutos.
6. Añadir la masa de la tarta en un molde para tartas.
7. Verter la mezcla en la corteza de la tarta.
8. Espolvorear el queso por encima.
9. Colocar el molde dentro de la freidora de aire.
10. Elija el ajuste de horneado.
11. Ajústelo a 149 grados C.
12. Cocine durante 25 minutos.

Nutrición Calorías 164 Grasas 21g Proteínas 32g

Berenjena con albahaca

Tiempo de preparación: 9 minutos
Tiempo de cocción: 22 minutos
Porciones: 2

Ingredientes:
- 1 berenjena pequeña, cortada por la mitad y en rodajas
- 1 pimiento amarillo, cortado en tiras gruesas
- 1 pimiento rojo, cortado en tiras gruesas
- 2 dientes de ajo, cortados en cuartos
- 1 cebolla roja, cortada en rodajas
- 1 cucharada de aceite de oliva virgen extra
- 30g de albahaca fresca

Instrucciones
1. Engrasar una fuente de horno antiadherente con spray de cocina.
2. Colocar la berenjena, los pimientos, el ajo y la cebolla roja en la fuente de horno engrasada. Rocíe con el aceite de oliva y revuelva para cubrir bien. Rocíe las superficies no cubiertas con aceite en aerosol.
3. Seleccione Hornear, ajuste la temperatura a 350°F (180°C), y ajuste el tiempo a 20 minutos. Seleccione Iniciar/Parar para comenzar el precalentamiento.
4. Una vez precalentado, coloque la bandeja de horno en la posición de horneado. Dale la vuelta a las verduras a mitad del tiempo de cocción.
5. Cuando estén hechas, retíralas del horno y espolvorea con sal y pimienta.
6. Espolvorear la albahaca por encima para decorar y servir.

Nutrición Calorías 99 Grasa 6g Proteína 13g

Espárragos

Tiempo de preparación: 9 minutos
Tiempo de cocción: 22 minutos
Porciones: 6

Ingredientes:
- 4 cucharadas de aceite de oliva
- 4 cucharadas de vinagre balsámico
- 1½ lb. (680 g) espárragos

Instrucciones
1. Unte la cesta de freír al aire con aceite de oliva.
2. Fría 4 cucharadas de aceite de oliva y vinagre balsámico para el adobo.
3. Mezcle los espárragos con la marinada y déjelos reposar durante 5 minutos.
4. Extiende los espárragos en la cesta aceitada en una sola capa y sazónalos.
5. Pulse Freír al Aire, ajuste la temperatura a 176°C y luego la alarma a 10 minutos. Pulsa Iniciar/Parar para precalentar.
6. Una vez hecho esto, sitúe la cesta de freír al aire en la posición de freír al aire. Gire los espárragos a mitad del tiempo de cocción.
7. Enfríe durante 6 minutos antes de la porción..

Nutrición Calorías 194 Grasas 18g Proteínas 28g

Huevo y espinacas con albahaca

Tiempo de preparación: 9 minutos
Tiempo de cocción: 13 minutos
Porciones: 2

Ingredientes:
- 2 cucharadas de aceite de oliva
- 4 huevos, batidos
- 5 onzas (142 g) de espinacas frescas, picadas
- 1 tomate mediano, picado
- 1 cucharadita de zumo de limón fresco
- ½ cucharadita de pimienta negra molida
- ½ cucharadita de sal gruesa
- 30g de hojas de albahaca fresca picada, para decorar

Instrucciones
1. Engrasar generosamente una bandeja de horno con aceite de oliva.
2. Mezclar el resto de los ingredientes, excepto las hojas de albahaca, en el molde engrasado hasta que estén bien incorporados.
3. Selecciona Hornear, ajusta la temperatura a 280°F (137°C), y ajusta el tiempo a 10 minutos. Selecciona Iniciar/Parar para comenzar el precalentamiento.
4. Cuando haya terminado, sitúe el molde en posición de horneado.
5. Saque del horno y espolvoree con las hojas de albahaca fresca.

Nutrición Calorías 101 Grasas 9g Proteínas 16g

Brócoli con queso

Tiempo de preparación: 9 minutos
Tiempo de cocción: 18 minutos
Porciones: 4

Ingredientes:

- 1 cabeza de brócoli de tamaño grande, sin tallo y cortada en ramilletes pequeños
- 2½ cucharadas de aceite de canola
- 2 cucharaditas de albahaca seca
- 2 cucharaditas de romero seco
- Sal y pimienta negra molida, al gusto
- 79g de queso amarillo rallado

Instrucciones

1. Poner a hervir una olla con agua ligeramente salada. Añade los ramilletes de brócoli al agua hirviendo y deja que hiervan durante unos 3 minutos.
2. Escurrir bien los ramilletes de brócoli y pasarlos a un bol grande. Añadir el aceite de canola, la albahaca, el romero, la sal y la pimienta negra al bol y mezclar hasta que el brócoli esté completamente cubierto. Colocar el brócoli en la cesta de freír al aire.
3. Selecciona Freír al Aire, ajusta la temperatura a 390°F (199°C), y ajusta el tiempo a 15 minutos. Seleccione Iniciar/Parar para comenzar el precalentamiento.
4. Una vez precalentado, coloque la cesta para freír al aire en la posición para freír al aire. Remueva el brócoli a mitad del tiempo de cocción.
5. Cuando la cocción haya terminado, el brócoli debe estar crujiente. Retire la cesta del horno. Sirva el brócoli caliente con queso rallado espolvoreado por encima.

Nutrición Calorías 108 Grasas 9g Proteínas 13g

RECETAS DE POSTRES

Magdalenas de mantequilla de cacao

Tiempo de preparación: 9 minutos
Tiempo de cocción: 16 minutos
Porciones: 6

Ingredientes:
- 94g de harina común
- 1 cucharadita de polvo de hornear
- ¼ de cucharadita de canela molida
- ¼ de cucharadita de cardamomo molido
- 85g de azúcar granulado
- 26g de cacao en polvo sin azúcar
- Una pizca de sal marina
- 1 barra de mantequilla, a temperatura ambiente
- 180ml de leche
- 2 huevos, batidos

Instrucciones
1. Comience por precalentar la freidora de aire a 330°F (166°C).
2. Mezclar todos los ingredientes en un bol. Rellene con la masa los moldes de silicona para hornear; colóquelos en la bandeja de hornear.
3. Coloque el molde en la posición correspondiente de la freidora. Selecciona Hornear y cocina los cupcakes durante unos 15 minutos o hasta que una prueba salga seca y limpia.
4. Deje enfriar las magdalenas antes de desmoldarlas y servirlas. ¡Buen provecho!

Nutrición Calorías 118 Grasas 16g Proteínas 22g

Melocotones al horno con azúcar moreno

Tiempo de preparación: 9 minutos
Tiempo de cocción: 16 minutos
Porciones: 3

Ingredientes:
- 3 melocotones, cortados por la mitad
- 1 cucharada de zumo de lima fresco
- ½ cucharadita de canela molida
- ½ cucharadita de nuez moscada rallada
- 106g de azúcar moreno
- 4 cucharadas de aceite de coco

Instrucciones
1. Comience precalentando la freidora de aire a 340°F (171°C).
2. Mezcla los melocotones con el resto de los ingredientes.
3. Vierta 60ml de agua en el molde para hornear. Coloque los melocotones en la sartén.
4. Coloque el molde en la posición correspondiente de la freidora. Seleccione "Hornear" y cocine los melocotones durante 15 minutos. Servir a temperatura ambiente. ¡Buen provecho!

Nutrición Calorías 97 Grasas 5g Proteínas 17g

Tarta de chocolate y dulce de leche

Tiempo de preparación: 9 minutos
Tiempo de cocción: 21 minutos
Porciones: 5

Ingredientes:
- 119g de mantequilla derretida
- 120g de azúcar turbinado
- 3 huevos
- 1 cucharadita de extracto de vainilla
- ¼ de cucharadita de sal
- ¼ de cucharadita de clavo de olor molido
- ½ cucharadita de canela molida
- 62g de harina para todo uso
- 25g de harina de almendras
- 5 onzas (142 g) de chispas de chocolate

Instrucciones
1. Comience precalentando la freidora de aire a 340°F (171°C).
2. Rocía los lados y el fondo de un molde para hornear con spray antiadherente para cocinar.
3. En un cuenco, bata la mantequilla y el azúcar hasta que estén esponjosos. A continuación, incorporar los huevos y batir de nuevo hasta que estén bien combinados.
4. A continuación, añada el resto de los ingredientes. Mezclar hasta que todo esté bien combinado.
5. Coloca el molde en la posición correspondiente de la freidora de aire. Seleccionar "Hornear" y cocinar durante 20 minutos. ¡Disfruta!

Nutrición Calorías 116 Grasas 11g Proteínas 23g

Gajos de manzana con canela

Tiempo de preparación: 9 minutos
Tiempo de cocción: 16 minutos
Porciones: 2

Ingredientes:
- 2 manzanas, peladas, sin corazón y cortadas en gajos
- 2 cucharaditas de aceite de coco
- 2 cucharadas de azúcar moreno
- 1 cucharadita de extracto de vainilla puro
- 1 cucharadita de canela molida
- 60ml de agua

Instrucciones
1. Comience precalentando la freidora de aire a 340°F (171°C).
2. Mezcla las manzanas con el aceite de coco, el azúcar, la vainilla y la canela.
3. Vierta 60ml de agua en el molde para hornear. Colocar las manzanas en la sartén.
4. Coloque el molde en la posición correspondiente de la freidora. Seleccione "Hornear" y cocine las manzanas durante 17 minutos. Servir a temperatura ambiente. ¡Buen provecho!

Nutrición Calorías 109 Grasas 13g Proteínas 19g

CONCLUSION

Conclusión

Ahora que ha leído este libro, probablemente se sienta más preparado a la hora de utilizarla. No hay necesidad de aceites para freír, cocinas llenas de humo o comidas chamuscadas. Estamos muy contentos de compartir con usted nuestro libro de cocina lleno de recetas que le harán la boca agua y dejarán su estómago satisfecho.

Con este LIBRO DE COCINA DE LA FREIDORA DE AIRE, tendrá la oportunidad de probar nuevas recetas, aprender los fundamentos de la cocina en una freidora de aire, e incluso obtener algunos grandes consejos para sacar el máximo provecho de su nueva freidora de aire eléctrica con recetas que están diseñadas para maximizar las características de su modelo. Puede utilizar este libro de cocina como una forma fácil de inspirar su cocina y crear algunas comidas increíbles. Cocinar puede ser sencillo e incluso divertido cuando se tienen las recetas adecuadas.

Esta freidora tiene un gran diseño que encaja con cualquier otro aparato de cocina.

Será una gran adición a su hogar o será un maravilloso regalo.

Hemos desarrollado el libro de cocina sólo para usted.

Creemos que estas recetas le ayudarán a sacar el máximo partido a su nueva freidora de aire.Nuestras recetas han sido probadas por un grupo de amigos y familiares.

¡Las han comido, amado y aprobado!